Nouveaux Sujets de peinture
Et de Sculpture

1755

(8)

NOUVEAUX SUJETS DE PEINTURE ET DE SCULPTURE.

Dives & ampla manet Pictores atque Poetas
Materies.

De Pict. Car. Dufresn.

A PARIS,

Chez DUCHESNE, Libraire, rue S. Jacques, au Temple du Goût.

M. DCC. LV.
Avec Approbation & Permission.

A MESSIEURS DE L'ACADEMIE ROYALE DE PEINTURE ET DE SCULPTURE DE PARIS.

MESSIEURS,

L'amour des Arts que vous cultivez avec un ſi grand ſuccès m'a fait remarquer en liſant quelques Auteurs anciens, des Sujets qui n'ont point encore été traités,

& qui m'ont paru fournir d'heureuses compositions. J'en ai rassemblé un petit nombre dans l'Essai que j'ai l'honneur de vous adresser, comme aux seules personnes capables de les juger. Si vous agréez ces idées, & si vous exécutez quelques-uns de ces sujets, je continuerai mes Lectures dans la même vûe, & je soumettrai toujours à vos lumieres, les tableaux que la Fable & l'Histoire peuvent fournir, & qui me paroîtront mériter d'exercer vos talens, & votre génie. J'ai l'honneur d'être, MESSIEURS, *votre très-humble, &c.*

NOUVEAUX SUJETS DE PEINTURE ET DE SCULPTURE.

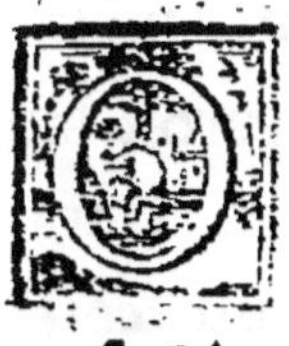

ON ne peut refuser aux Grecs la gloire d'avoir porté les Arts aux plus haut degré de perfection. Mais il faut convenir que leurs compositions, d'ailleurs pleines de force & d'élegance, manquent cependant de varieté. Les pierres gravées nous sont un témoignage que ces Artistes inimitables ne se faisoient aucun scrupule de répeter les mêmes sujets. On peut même observer que Pline & Pausanias, en parlant de ces grands Hommes, n'ont jamais fait l'Eloge de l'abondance de leur génie, ni de la varieté de leurs compoſitions. Il eſt à préſumer que principalement occupés à copier la Nature, les anciens ſe contentoient de donner à leurs ouvrages les différences qu'elle leur indiquoit. Nos modernes ſe ſont appliqués au contraire à varier leurs compoſitions. C'eſt un avantage qu'ils ont ſur les Artiſtes de l'antiquité. Mais malgré cette fécondité, qu'on ne ſçauroit leur conteſter, les ſujets qu'ils ont à traiter, ſont renfermés dans un cercle d'idées reçûes, dont ils n'oſent, ni ne peuvent s'écarter. Il ſemble même à quelques particuliers incapables de ſaiſir les nuances délicates qui diſtinguent les compoſitions repetées, que nos Artiſtes tombent dans une ſorte de monotonie. Ce reproche n'eſt point fondé, mais il pourroit en quelque ſorte le devenir, ſi nos Artiſtes s'obſtinoient à répeter ſans ceſſe les mêmes inſtans de la Fable ; mais la prévention de quelques personnes qui rejettent tous les sujets tirés de la Fable, est en même tems injuste & dangereuse ; & j'ai crû qu'il étoit d'autant plus important de la détruire, que la Fable est la ressource la plus féconde des Arts. Elégante & variée, elle fournit à la fois le tableau de toutes les passions, les moyens les plus surs de les rendre sensibles, & l'avantage de les présenter sous une forme toujours noble, toujours intéressante, sans exiger l'exactitude & la contrainte, où l'Artiste qui traite l'Histoire, est nécessairement engagé. Aussi, loin d'enlever aux Arts ce fond riche & inépuisable de compositions, j'ai cherché les moyens de les étendre, & de les multiplier. Pour cet effet j'en ai choisi quelques-unes dans le dessein de les présenter aux Peintres & aux Sculpteurs, à qui elles peuvent être également utiles. Homere &

Virgile fourniſſent des ſujets heureux & ſublimes; mais ces ſujets ſont dejà connus & même traités pour la plûpart. J'ai donc négligé cette ſource pour puiſer mes idées dans quelques autres Auteurs anciens, & principalement dans Pauſanias. Les Métamorphoſes & la Mythologie m'ont auſſi préſenté quelques traits qui m'ont paru précieux & nouveaux. Pour éviter la ſéchereſſe, & l'ennui inſéparable du ton dogmatique; en préſentant pluſieurs ſujets poſſibles à traiter, j'ai eu ſoin de les comparer, de les faire ſouvent contraſter, & de rapporter les raiſons qui doivent faire adopter les uns & négliger les autres. Ce procédé m'a paru néceſſaire pour fixer les idées. Au reſte, je ſuis fort éloigné de regarder les compoſitions que je préſente comme complettes. Les hommes de l'Art en releveront les défauts, & les enrichiront par leurs lumieres. Mon unique objet eſt de prouver par cet Eſſai que la Fable peut former encore des ſujets infiniment intéreſſans ; d'indiquer en même tems aux Artiſtes, la maniere dont ils ſe ſont offerts à mon imagination. Ils trouveront dans leur génie des reſſources encore plus ſures pour les traiter avec ſuccès.

※※

Minos irrité contre Theſée, l'outragea de paroles, & lui conteſta ſa Naiſſance. Si vous êtes fils de Neptune, comme vous vous en vantez, lui dit-il, vous pouvez me rapporter cette bague, & jetta en effet ſon anneau dans la mer. Theſée plongea, & reparut ſur l'eau, non-ſeulement avec la bague, mais encore avec une couronne dont Amphitrite avoit orné ſa tête. (1)

Voilà le fait tel que Pauſanias l'a

(1) *Attique.* p. 52.

rapporté. Ce ſujet traité par un grand Artiſte, peut devenir auſſi beau entre ſes mains, qu'il eſt heureux, & varié en lui-même.

Minos ſera repréſenté ſur un Vaiſſeau antique, dont on ne découvre que la partie néceſſaire, pour laiſſer voir le Roi. Theſée s'élevant du milieu des flots, lui préſente, quoique de loin, l'anneau qu'il vient de retrouver; & dans le même inſtant Amphitrite, accompagnée d'autant de Neréïdes qu'on en voudra faire paroître, couronnera en effet le Héros. Il a toujours été permis aux Peintres & aux Poëtes, de mettre les récits en action, lorſque ces changemens peuvent produire un meilleur effet, lorſqu'ils augmentent, & enrichiſſent la ſituation.

On lit dans quelques Auteurs, que Jupiter mécontent de Junon qui avoit eu part à la révolte des Dieux contre lui, l'abandonna au ressentiment de Vulcain. Celui-ci qui ne pardonnoit pas à la Déesse, de l'avoir précipité du Ciel, la suspendit (1) (selon Pausanias) avec deux enclumes aux pieds par le moyen de l'aiman, & lui lia les mains derriere le dos avec des chaînes d'or.

Ce sujet, possible à exécuter, doit être cependant évité pour les raisons suivantes. Il est désagréable en lui-même. Il blesse les idées que l'on a de la Divinité. D'ailleurs, on n'aime point à voir traiter aussi indignement les femmes. Junon, dans une attitude aussi indécente, ne produiroit qu'un spectacle triste & révoltant.

Si les Artistes sont obligés d'éviter ces sortes d'images, avec combien plus de raison doivent-ils s'abstenir de pein-

(1) *Attique*. p. 62.

dre des ſujets trop cruels. Tel ſeroit, par exemple, le tableau que nous préſente Sinis. Ce monſtre dont Theſée purgea l'Univers, attachoit à des branches de Pins, courbées avec effort juſqu'à terre, ceux qui avoient le malheur de tomber entre les mains; il lâchoit enſuite ces branches qui, repernant avec violence leur poſition naturelle, (1) mettoient en piéces ces malheureux, dont les membres épars demeuroient ſuſpendus, & formoient comme un Trophée à la méchancheté du plus barbare de tous les hommes. Il faut convenir que ce ſujet ſeroit facile à traiter, & qu'il auroit de plus l'avantage de faire ſentir deux inſtans. L'inſtant préſent, & celui de la cruauté paſſée. Mais rien ne pourroit dédommager les ſpectateurs des horreurs qu'une pareille image lui préſenteroit.

(1) *Corinth.* p. 143.

Une image plus douce, & qui convient à la Sculpture comme à la Peinture, (1) est la représentation du sommeil qui endort un Lion.

Cette allégorie n'est point forcée. La nature ne seroit point révoltée du Groupe, quand même il ne désigneroit pas avec autant de noblesse que de vérité, la force, & le pouvoir insurmontable du sommeil.

Les sentimens de Religion & de respect filial, se trouvent réünis dans la Peinture de Cléobis & de Biton. Ces jeunes gens tirent eux-mêmes le Char sur lequel leur mere est assise, & le conduisent au Temple où ils sont prêts d'arriver. L'admiration & les applaudissemens du Peuple, les bâtimens de la Ville, le Temple même, sont au-

(1) *Corinth.* p. 169.

tant de grands objets qui présentent le plus beau contraste. Le Spectateur n'ignore pas que ces jeunes gens moururent après une action si remplie de zéle, & dont le Peintre lui présente les plus beaux instans. Cette idée lui parle intérieurement, l'intérêt se joint, sans qu'il y pense, à la magnificence du Spectacle. Son admiration redouble, & l'Artiste est assuré du succès.

Si l'on veut des images simplement riantes, les tableaux des filles de l'Isle Sacrée, & des filles de Sparte, fourniront des Groupes aussi délicieux qu'intéressans. L'habillement simple des Filles Grecques, la noblesse de leurs attitudes, l'élégance de leurs tailles, la beauté de leurs traits; tout cela joint aux recherches nécessaires du Costume, fera valoir infiniment l'esprit, & le mérite du Peintre, dans l'un & dans l'autre sujet.

Les filles (1) de l'Isle Sacrée, consacroient leur ceinture à Minerve. Cette Fête se célébroit dans l'intérieur du Temple.

Quant aux filles de Sparte : elles formoient tous les ans des danses Religieuses autour d'une statue de Diane, placée dans la campagne. Quel paysage le Peintre a-t-il occasion de représenter? Le plus riche de l'Univers, & celui dont la seule idée doit le plus satisfaire un Artiste. C'est une campagne ornée de Temples, couverte de Trophées, & de monumens élevés en l'honneur de la Vertu, embellie de statues de Dieux champêtres, remplie enfin des plus grandes richesses de l'Art. Cette composition qu'on peut terminer à son gré par l'horison de la mer, ou des montagnes, est d'une beauté, où l'imagination livrée à

(1) *Corinth.* p. 231.

tout son effor, n'atteindroit peut-être pas elle-même.

Il est dans la nature de s'intéresser aux moindres actions de l'enfance. On aime à prévoir les moyens que l'âge ajoûtera aux premieres expressions du courage. Voici, par exemple, un sujet que je préférerois à celui d'Hercule étouffant des enfans dans son berceau; image mille fois repetée par les anciens, & par les modernes. Il est tiré de Pausanias. (1) Cet Auteur décrit Thesée qui, frappé de la peau de Lion qu'Hercule ne quittoit jamais, & la prenant pour le Lion même, saisit une hache des mains d'un esclave, & s'avance avec intrépidité pour tuer l'animal.

Hercule peut être disposé debout ou assis, de maniere cependant, qu'il ne voye point encore l'action de l'en-

(1) *Attique.* p. 87.

fant qui s'avance vers cette tête, avec des yeux où le courage étincele. Ses petites mains porteront avec peine la hache que l'esclave étonné, & tout rempli de l'action, ne songe point à reprendre. Il seroit inutile d'observer que le Peintre doit tellement disposer la tête du Lion, qu'on ne puisse douter de l'action que l'enfant se propose.

Venus voilée & enchaînée par les pieds, est (1) une idée que l'on peut exécuter dans un tableau, & qui produiroit encore un plus belle statue. Les Grecs représentoient ainsi cette Déesse, pour indiquer la modestie, la retraite & le silence, qui conviennent aux femmes. Et par la même raison Plutarque veut que l'attibut d'une femme mariée, soit la tortue.

Ces idées vraies dans tous les tems,

(1) *Laconic.* p. 287.

ſont peut-être plus néceſſaires que jamais, à repréſenter. Je voudrois qu'elles fiſſent l'ornement de quelques-unes de nos Places publiques, ou de nos rues principales. Je ſçais que les Artiſtes ne ſont pas les maîtres d'exécuter ce qu'ils croyoient convenable; mais ſouvent ils influent ſur les compoſitions, quelquefois même ils les déterminent. Quoi qu'il en ſoit, ils ne doivent jamais oublier qu'ils ſont en quelque façon des Légiſlateurs, & que l'empire qu'ils ont ſur notre ame, eſt d'autant plus puiſſant, qu'ils l'exercent par le charme des yeux & de l'imagination, & c'eſt pour cela, qu'ils ne doivent rien exécuter contre la Morale.

Pauſanias en décrivant la ſituation de deux Athletes vainqueurs, réünit (1) parfaitement le brillant d'une ima-

(1) *Elid.* p. 19.

ge, & la douceur d'une action. Ces deux Athletes étoient freres. Ils sortoient du combat dont ils avoient remporté tout l'honneur : ils apperçoivent leur pere, volent au-devant de lui, l'embrassent, & l'élevent sur leurs épaules. Le Peuple redouble ses applaudissemens, jette des fleurs sur leur passage, bénit la tendresse filiale, forme le spectacle le plus touchant, & ajoûte à la gloire du triomphe.

La récompense de la vertu, & le succès des talens, sont les sources de la joie la plus pure. Il faut se représenter tout l'honneur que les Grecs attachoient à la victoire remportée dans leurs jeux. Nos mœurs ne nous permettent pas d'en avoir une idée parfaite. Mais supposons deux hommes, tels que deux Athletes de la Gréce; c'est-à-dire, les plus beaux à dessiner qu'il soit possible de concevoir : peignons-les, remplis, & pénétrés de cette joie que le ſentiment de la vertu, & ſur tout de la vertu récompenſée, eſt ſeul capable d'inſpirer. Si dans une ſituation ſemblable, le cœur peut encore admettre des plaiſirs, ce n'eſt que dans cette circonſtance. La premiere perſonne qui s'offre aux yeux des Athleres couronnés, c'eſt leur pere, c'eſt l'auteur de leur jour, & de leur gloire. Ils l'embraſſent, l'emportent ſur leurs épaules, & le conduiſent en triomphe au milieu des acclamations du Peuple. Le Vieillard fortuné témoigne ſes tranſports, avec les différences dépendantes de ſon âge, & de ſa ſituation. Le Peuple dont l'Artiſte ne prendra que le nombre néceſſaire pour exprimer la varieté des applaudiſſemens, les accompagne, & ſeme leur paſſage de fleurs que le Peintre diſpoſera à ſa volonté. Que de grandeur! Que de magnificence! Quel intérêt! Quelles expreſſions dans ce tableau ! Il eſt difficile de concevoir rien de plus flatteur.

Il eſt conſtant que les tableaux qui repréſentent des femmes dans l'âge de plaire, ont un attrait plus général, & qu'il n'y a point de compoſition avec laquelle on ſoit plus aſſuré de réüſſir. Il ne faut point s'en étonner. Tout eſt charme, tout eſt délices en elles. Elles ſont la production la plus touchante, & la plus exquiſe de la nature. Les plus belles fleurs méritent à peine de leur être comparées. Le plaiſir anime leurs moindres geſtes. Les Graces préſident à tous leurs mouvemens ; enfin toutes leurs actions acquiérent un redoublement d'intérêt. La même raiſon qui rend les ſujets des femmes plus agréables à voir, les rend auſſi plus ſatisfaiſans à peindre.

Les onze Dionyſiades qui diſputent le prix de la courſe, peuvent fournir une composition charmante. Un tel sujet présente des singularités, par rapport à nos mœurs ; cependant il n'en est pas moins beau à traiter : il peut même fournir une leçon utile. Les Grecs étoient persuadés que les exercices du corps rendoient les femmes plus saines, plus robustes, & plus propres à leur produire des *hommes*. Le tableau des Dionysiades présenteroit donc une critique de la vie trop molle, & sédentaire de nos femmes qui, bien loin de s'exercer à la course, oublient, pour ainsi dire, comment on marche.

Pausanias (1) donne la description des trois classes des jeunes Grecques, & celle de leur habillement pour la course. Je crois devoir la présenter, non-seulement parce qu'elle pourroit encore fournir le sujet de quelques ta-

(1) *Laconi*. p. 287.

bleaux ; mais parce qu'elle rendra faciles à l'Artiſte qui voudra traiter les Dionyſiades, ſoit en Peinture, ſoit en bas-relief, les recherches que le Coſtume exige : voici les paroles de L'Auteur. « Les jeux en l'honneur de Junon, conſiſtent à voir les filles diſputer le prix de la Courſe. Pour cela, on les diſtribue en trois claſſes. La premiere eſt compoſée des plus jeunes ; la ſeconde, de celles d'un âge au-deſſus ; la troiſiéme des plus âgées, & il y a un prix pour chaque claſſe. »

Le partage & la diſtribution de ces claſſes, pourroit, abſolument parlant, faire un tableau pour accompagner celui de la Courſe.

» Quand elles courent, elles ont les cheveux flottans, la tunique abaiſſée juſqu'au-deſſous du génoux ; l'épaule droite toute nue, & débaraſſée juſqu'au ſein. Elles font auſſi

» preuve de leur légéreté dans le Stade » d'Olympe. On abrége la carriere de » la sixiéme partie, pour l'amour d'el- » les. Celles qui remportent la victoi- » re, reçoivent une Couronne d'Oli- » vier, & une portion de la genisse » qui a été immolée à Junon. Il est » même permis d'appendre leurs por- » traits, pour éterniser leur nom & » leur gloire. »

On pourroit encore prendre l'instant, où celle qui a remporté le prix, suivie de ses rivales, reçoit la Couronne d'Olivier, en supprimant toutes fois la portion de la genisse, comme une chose trop étrangere à nos mœurs. En ce cas la fille victorieuse recevroit le prix de la main des seize Matrones qui étoient chargées de broder le voile qu'on consacroit tous les cinq ans à Junon, & qui présidoient à ces jeux, avec un pareil nombre d'autres femmes qui leur étoient associées.

Cerés

Cerès mécontente des procédés de Neptune, (1) affligée de l'enlevement de sa fille, prit un habit de deuil, & s'enferma dans une grotte. Pendant ce tems la terre ne produisoit rien ; les Dieux ne pouvant apporter remede au malheur de la disette, Pan avertit Jupiter du lieu que la Déesse avoit choisi pour sa retraite, & ce Dieu envoya les Parques qui la fléchirent, & la consolerent.

Cette peinture est infiniment triste. Mais combien de personnes ont besoin d'un sujet de ce genre ? Une femme trompée par un Amant perfide, ou séparée de l'objet aimé, se trouve dans la situation de Cerès. Ces sortes de malheurs ne sont que trop fréquens dans le monde, & l'amitié les fait autant éprouver que l'amour.

---

(1) *Arcadie*. p. 214.

❧❧

La Fortune ou la Paix tenant Plutus enfant dans leurs bras, comme leur mere ou leur nourrice.

Cette allégorie fine, & qui n'a rien de forcé, convient encore plus à la Sculpture, & peut produire un groupe d'autant plus intéressant, que l'enfance est toujours regardée avec complaisance. En conséquence de cette vérité, je voudrois que les Artistes fissent quelquefois usage des enfans Prêtres & Prêtresses, représentés assez fréquemment dans les fonctions du culte des plus grandes divinités, ainsi que l'assure Pausanias (1) en plus d'un endroit.

❧❧

Un sujet plus héroïque, & qui peut convenir également à la Peinture & à la Sculpture, est celui d'Apollon & de Mercure, qui se disputent une lyre.

(1) *Arc. Phoc. Acha. Beot.*

Ce sujet est plus noble pour ces Dieux, que l'espéce de combat entre Apollon & Hercule, qui se disputent un trepied.

Pausanias (1) présente à la vérité dans celui-ci, une augmentation d'intérêt & de richesse. Car ces Dieux étant prêts à se battre, Latone & Diane retiennent Apollon, tandis que Minerve appaise Hercule.

Ce sujet que je crois plus avantageux pour un bas-relief, n'acquiert de l'intérêt que par les acteurs. Mais la médiocrité du sujet de la dispute, sur tout pour nous qui n'attachons pas une grande idée aux trepieds, rendra toujours un tel événement peu intéressant; & par conséquent peu propre à être traité.

(1) *Phoc.* p. 345.

Les enfans de Catanée présentent un sujet plus intéressant.

Les feux du Mont-Etna ayant gagné cette Ville, deux (1) enfans oubliant, & méprisant leurs thrésors & leurs richesses, ne penserent qu'à sauver les auteurs de leurs jours. Ils prirent sur leurs épaules, l'un son pere, l'autre sa mere. Coupés par l'embrasement, ils continuerent de marcher. On dit même que les flammes se séparerent pour leur ouvrir un passage.

Sans recourir au prodige, cette action est avantageuse pour la Peinture. Le poids respectable, & plein de contraste dont ces jeunes gens sont chargés, intéresse tous les Spectateurs. Les horreurs que présente une Ville enflammée, & un Pays dévasté par le

(1) *Phoc.* p. 379.

feu, redoublent ce même intérêt, & forment un contraste des plus heureux pour l'Artiste; car il doit toujours vouloir parler au cœur, ainsi que le Poëte Drammatique.

❧❧

Sur ce principe, je croirois la situation de Phalantus un sujet propre à être traité. Il est vrai qu'il exige trop d'instruction de la part du Spectateur, & qu'il n'est peut-être pas assez frappant.

Phalantus exilé de son pays, part avec sa femme, sans autre ressource que la parole d'un Oracle qui lui ordonne de marcher jusqu'à ce qu'il voye pleuvoir par un tems serain, & qu'alors, en s'établissant dans le lieu où il se trouveroit, il seroit heureux. Sans espérance de réünir deux choses aussi contraires, Phalantus marchoit sans objet; enfin accablé de lassitude, & plus encore du chagrin que lui cauſoit une ſi cruelle ſituation, partagée par une épouſe aimée, il tombe à terre, & appuye ſa tête languiſſante ſur les genoux de ſa femme. Il goûte une ſorte de calme, & s'abandonne au ſommeil. Sa femme attache ſur lui ſes regards, & ſa tendreſſe lui arrache des larmes dont elle inonde le viſage de Phalantus qui, s'éveillant tout-à-coup, trouve dans ces pleurs la fin de ſes maux, & l'accompliſſement de l'Oracle.

Ce tableau n'auroit d'action que dans les regards, & dans les larmes tendres d'une femme que la triſte ſituation de ſon Epoux accable de douleur; la difficulté, & l'aridité du ſujet, m'empêcheroient d'en conſeiller l'exécution.

❧❧

Les Graces alloient ſe baigner dans la Fontaine d'Acidalie.

Les Artiſtes qui ont voulu traiter la

fraîcheur des eaux, & l'ombre des arbres qui présentent la chair des femmes avec tant d'avantage, ont fait choix jusqu'ici de Diane, prenant le bain avec ses Nymphes. Je sçais que les événemens d'Acteon & de Calysto, augmentent les beautés de la nature par le mérite d'une action. Mais les Graces dans le bain auront les mêmes avantages en général, elles pourront y joindre des mouvemens modestes, & par-là encore plus remplis de volupté; cette composition auroit aussi le mérite de n'avoir point été traitée. J'ai cependant quelque idée que Jules Romain en a fait un tableau qui, ce me semble, a été gravé. En tout cas ce sujet est peu connu.

Jupiter fut mis dès sa naissance entre les mains des Corybantes, afin que leurs clameurs, & le bruit de leurs instrumens, empêchassent que Saturne n'entendît les cris de cet enfant, & ne s'apperçût de la tromperie qu'on lui avoit faite.

Ce sujet qui est très-beau, n'a été traité jusqu'ici, que comme des Bacchanales. Pour autoriser les chants & les danses des Corybantes, je voudrois que l'Artiste plaçât l'enfant de façon à faire connoître qu'il est le motif de tout ce qui se passe; alors cette danse, loin de représenter les mouvemens d'une joye grossiere, & d'une débauche sans goût, prendroit un caractere noble & intéressant.

Aussitôt que Persée eût coupé la tête de Meduse, Pegaze nâquit du sang qui en sortit. Un coup de pied de Pegaze fit paroître la Fontaine d'Hypocrène.

Ces deux événemens sont si précipités dans la Fable, qu'ils peuvent, ce me semble, être réünis dans le même sujet. La liberté de rapprocher les objets ne manque pas d'autorités, & je crois que ceux-ci produiroient une composition des plus riches. En effet l'action de Persée est indiquée par le corps de Meduse, & par la tête qu'il tient encore. Ce beau Cheval aîlé & cette Fontaine, font une réünion d'objets, grands en eux-mêmes: de plus l'Artiste est maître du Paysage, dans lequel il voudra placer la Scène.

***

Cependant, si dans l'envie de peindre une fontaine, celle d'Hypocréne présentoit des difficultés à l'Artiste, celle que je vais lui proposer, pourra peut-être lui convenir.

Les Lybiens adoroient Jupiter sous la forme d'un belier, parce que Bacchus se trouvant fort altéré dans les déserts de l'Arabie, appella Jupiter à son secours, qui vint à lui sous cette forme, & lui montra une fontaine avec le pied.

Un tel ſujet peu chargé de figures, permet à l'Artiſte de les tenir plus fortes, & l'engage à ne s'attacher qu'à l'expreſſion de la fatigue, & de l'altération de Bacchus dont la jeuneſſe & les chairs délicates, concourent à le rendre intéreſſant. Le caractere noble que l'on doit donner au Belier, qu'on ſçait être Jupiter, & les eaux de la fontaine qui paroiſſent à ſes ordres, produiſent un contraſte qui peut être heureux. Il faut cependant convenir que la ſécchereſſe & l'aridité du ſite, avec le ton égal d'un Ciel enflammé, fourniſſent de médiocres oppoſitions; mais toute la nature eſt ſur la palette du Peintre, lorſque ſon génie eſt affecté. Cette compoſition ſeroit peut-être plus heureuſe en Sculpture, ſoit de ronde boſſe, ſoit en bas-relief.

Le mécontentement de Junon cauſa les malheurs d'Andromede. Les Artiſtes ont tous choisi le moment auquel cette beauté exposée nue sur un rocher, attend la fin de ses jours. La situation ne peut être plus touchante, ni plus favorable à la Peinture. Mais à cet instant trop connu, on pourroit en substituer un autre de cette même histoire.

Junon ordonna aux Neréïdes d'attacher Andromede au rocher. Ces Nimphes occupées à exécuter les ordres de la Déesse, présentent, ce me semble, un moment heureux & brillant pour la Peinture. Ces Nimphes, en opposition avec les rochers, & le bord de la mer, offrent des choses avantageuses pour le pinceau. D'ailleurs les Neréïdes étoient au nombre de cinquante. Il est donc aisé de donner carriere à sa fécondité, & de varier les mouvemens de tous les groupes que l'on voudra multiplier. Junon peut encore orner le Ciel, en présidant à l'exécution de ses ordres. Enfin la richesse, & la grandeur du Spectacle que l'Artiste doit toujours chercher à présenter, me paroissent fourniés par ce sujet.

Je proposerois un autre genre d'accord, & d'effet dans le sujet suivant.

Apollon, pour se venger des Ciclopes qui avoient forgé la foudre dont Jupiter s'étoit servi pour faire périr Esculape, les fait périr eux-mêmes.

La Fable en rapportant ce fait, donne en même tems le sujet le plus contrasté. Tous les Ciclopes, dont le nombre n'est pas absolument limité, & dont on sera maître de placer la quantité, sont culbutés & renversés. Le désordre des enclumes, & des autres outils d'une Forge, augmente l'effet pittoresque. La lumiere peut n'être donnée que par les feux allumés dans l'antre qui leur servoit d'attelier; on est par conséquent maître de la répandre : elle est d'un caractere qui convient à la teinte que les hommes contractent dans le feu & la fumée. Apollon dont les chairs doivent être si belles, & les proportions si nobles, devient aisément la figure dominante, dans toutes les circonstances ordonnées par l'Art, & admises par l'esprit.

⁂

Le miracle operé par la Vestale Claudia, est tiré de l'Histoire; mais il n'en est pas moins un sujet de fable, & plus encore un sujet magnifique pour la Peinture.

Cette Vestale tira seule avec sa ceinture, le Vaisseau qui portoit la mere des Dieux, & qu'aucune autre force n'avoit pû faire remonter le Tibre.

Ce grand sujet réünit toutes les magnificences que peut desirer un Peintre. La Scène se passe au milieu de la Ville de Rome sur les bords du Tibre, remplis du Peuple Romain. La foule ne peut être autour de Claudia. Le respect & l'étonnement, empêchent de l'approcher. Son attitude noble & simple, ne laisse aucun doute sur la confiance dont elle est remplie; & tout concourt à prouver le poids immense qu'elle tire avec tant de facilité. Le Vaisseau chargé de la statue de Cerès, que je traiterois en marbre blanc, & peut-être en figure colossale, groupe heureusement, & avec richesse sur le Tibre dont les eaux fournissent à l'effet de la couleur, & dont le reflux contre le vaisseau, caracterise véritablement le point donné. Du reste ce vaisseau peut être aussi riche, & autant orné qu'on le voudra. Tout est vraisemblable à cet égard. Si l'on vouloit traiter ce sujet, selon Hérodien, il faudroit représenter le vaisseau dans l'embouchure du Tibre, qui faisoit alors le port qui conduisoit à Rome. Si l'on préféroit cette situation, on n'auroit qu'à changer le fonds du tableau : la campagne prendroit la place de l'intérieur de la Ville ; la Vestale seroit dans la même position ; le Peuple & le Sénat seroient également témoins de l'événement. Ce qui résulte de la varieté des Auteurs, sur le lieu de la Scène ; c'est d'avoir plus de choix à faire pour l'exécution de ce sujet.

Il suffit d'avoir donné une légere esquisse d'un aussi beau sujet. Un plus grand détail seroit inutile à ceux qui seront capables de l'entreprendre, & plus encore aux simples Lecteurs.

Les Silvains, & Silvain lui-même, portoient dans leurs fêtes des petits arbres, & sur tout des petits cyprès, ou plûtôt des branches de ces arbres.

Cette action simple qui ne doit être traitée, ce me semble, qu'avec des figures de petite proportion, peut faire l'ornement d'un Paysage, & le rendre intéressant. C'est à mon sens une chose que l'on néglige un peu trop. Une action héroïque, un petit trait de fable, suffisent pour donner à ce genre de tableaux, un caractere ; & par conséquent, pour en augmenter le mérite.

⁂

Je ne sçais pourquoi l'on évite, quand on veut traiter quelques-uns des travaux d'Hercule, de représenter la biche aux cornes d'or, & aux pieds d'airain, forcée & arrêtée par ce Dieu. Je conviens que ce sujet n'est avantageux que pour la Sculpture, mais il fournit un beau mouvement, & le groupe donne les appuis nécessaires à la figure. Il pourroit encore faire l'ornement d'un Paysage, ainsi que les oiseaux tués par Hercule sur le Lac de Stymphale. A l'égard des murs de Troye, renversés par ce Dieu pour se venger de Laomedon, c'est un sujet trop étendu, & trop vague pour être conseillé : de plus l'exécution ne peut jamais répondre à l'idée que le Spectateur s'est faite d'un pareil événement.

⁂

On sçait que Cerès voyagea long-tems pour retrouver Proserpine. Ses voyages sont plus heureux pour la Peinture que pour la Poësie. Le sujet suivant, tiré de ces mêmes voyages, me paroît intéressant, & présente de l'opposition dans les caracteres.

Cerès sous la figure d'une vieille se reposant de ses fatigues, auprès du puits d'Acthion, est accueillie par les filles de Cœleus. La déférence de la jeunesse pour la vieillesse, est si convenable & si naturelle, que tout Spectateur en est touché. Je sçais que ce sujet est un peu froid, mais on n'a pas tous les jours occasion de peindre les Titans escaladant le Ciel.

❧❧

Egon, fameux Athlete, traîna par les pieds au haut d'une montagne un taureau pour en faire présent à Amarillis.

Ce sujet très-possible à traiter, est désagréable, & nullement heureux. C'est une galanterie de caractere ; mais on ne prend aucun intérêt à ce tour de force. Je me garderois donc bien de le conseiller, non plus que le suivant par des raisons contraires.

❧❧

Jupiter, pour ramener Junon qui s'étoit éloignée de lui, fit faire une statue de bois ; l'habilla en femme, & plaça sur un chariot attelé de deux bœufs, & répandit par tout le bruit, que c'étoit Platea qu'il alloit épouser. Assurement l'Inventeur de cette fable n'avoit pas les idées nobles, ou n'avoit point été environné d'objets magnifiques, & convenables à ceux qu'il mettoit en scène. quoi qu'il en soit, Junon accourut, & déchirant dans sa colere les habits de sa rivale pour l'insulter, elle ne trouve qu'une statue, & sa fureur se dissipe. Il seroit aisé de réparer le défaut de richesses que l'on doit reprocher au détail de ce fait. Mais le peu de vraisemblance que l'on trouve à l'erreur de Junon, quoiqu'il fut possible de l'établir sur l'aveuglement de la jalousie, s'opposera toujours à l'exécution de ce sujet, qui n'est dans le fonds qu'une tracasserie de ménage. Le seul instant que l'Artiste pourroit prendre, seroit celui dans lequel Junon reconnoîtroit Platea pour ce qu'elle est. Cet instant même ne pourroit rien produire. L'Héroïque & le Comique ne peuvent jamais être unis. Il y a donc des sujets qui paroissent susceptibles d'exécution au premier coup d'œil, & qui sont impraticables après l'examen.

Hercule fut surnommée *Musagete*, c'est-à-dire, guide des Muses.

Ce sujet est tout fait ; il n'a pas beaucoup d'action, mais il fournit une image riante & satisfaisante, en même tems qu'il donne à l'Artiste les occasions de développer son talent dans la disposition des Muses, nécessairement placées dans cette occasion sur le même plan. D'ailleurs le contraste du caractere, non-seulement d'Hercule, mais du caractere des Muses entr'elles, fournit à l'exécution. Il est vrai que ce contraste rend cette composition, peut-être une des plus difficiles de la Peinture. Je trouverois cependant ce sujet plus heureux, & plus agréable que celui d'Hercule Gaulois, quoiqu'il ait affecté Raphaël qui l'a rendu aussi parfaitement, qu'il en étoit capable. Les chaînes sortant de la bouche d'Hercule pour lier ceux qui l'entendent, me paroissent une allégorie trop forte. Il est vraisemblable que c'est pour cette raison qu'on n'a point répeté ce sujet.

Le Peuple Romain étoit de la plus grande superstition. Nous ignorons le nombre de ses Dieux ; mais on sçait qu'il y avoit une Divinité pour chaque moment de la culture, & de la maturité des fruits de la terre. Dans le nombre des fêtes qu'on devoit célébrer sans cesse, on faisoit deux fois par an dans les campagnes de l'Italie ; des sacrifices en l'honneur de Cerès, après avoir fait en procession le tour des bleds. Ces cérémonies se nommoient *Ambarvales* ; & ceux qui y présidoient étoient connus sous le nom de *Freres Arvaux*.

Le lieu de la scène, si l'on veut traiter ce sujet, ne peut être plus avantageux, sur tout si l'on choisit la campagne de Rome. Elle offroit un Paysage riche, parfaitement cultivé, orné de Temples, de Chapelles, de Thermes, de Mercures en guaine, &c. Ce Paysage rempli d'un Peuple superstitieux, forme un spectacle magnifique. La marche dégradée du Peuple, peut s'étendre autant, & si peu qu'on le trouvera nécessaire; & la tête de cette marche sera prête d'arriver à une espéce de *Lucus*, ou de bois consacré, ou simplement à une statue de Cerès, autour de laquelle les Prêtres & les Victimaires seront arrangés & disposés pour le sacrifice. Il faut convenir que cette image est grande, & elle ne nous a point encore été donnée.

Les passions que le Paganisme a attribuées à ses Divinités, ont enrichi la fable. Il semble que cette Religion ait travaillé pour les Arts.

Voici un autre tableau d'Hercule

non moins heureux, & qui doit avoir, ce me ſemble, la grace de la nouveauté.

Linus montre à jouer de la lyre à Hercule : l'Ecolier (1) repris trop ſévérement, caſſe la tête à ſon Maître avec la lyre.

Ce ſujet poſſible à la Peinture, mais plus avantageux à la Sculpture, eſt plus heureux pour le groupe. Linus aſſis, & tenant une lyre, explique le ſujet d'autant, que l'action d'Hercule, & la colere avec laquelle il ſe ſert de ſa lyre pour frapper ſon Maître ; ne laiſſent aucun doute ſur le ſujet.

Driope changée en arbre par Bacchus, tenoit ſon fils dans ſes bras, & n'eut que le tems de le donner à ſa ſœur.

Que d'expreſſions un ſçavant Artiſte

(1) *Ovid. Hygin.*

n'a-t-il pas occasion de placer sur le visage, & dans les bras de cette malheureuse Nymphe qui n'a de libres que ces parties du corps. Saisie de la situation où elle se trouve, elle n'est occupée que de son fils. Il faut se figurer l'amour de mere pour exprimer cette action; l'étonnement & l'empressement de la sœur à recevoir ce précieux gage, fournissent à l'esprit de l'Artiste, une opposition selon ces différens intérêts dont l'exécution doit émouvoir, & frapper vivement le Spectateur.

Ce sujet est également convenable à la Peinture & à la Sculpture.

⁂

La Foi étoit représentée chez les anciens par la figure de deux jeunes filles vêtues de blanc, & se tenant par la main; & c'est de-là que les mains sont demeurées pour exprimer ce lien de la Societé.

La

La Peinture & la Sculpture en bas-relief, comme en ronde-boſſe, peuvent employer avantageuſement cet agréable ſymbole.

Les anciens non contens de repréſenter des Centaures, ont quelquefois employé des Onocentaures, c'eſt-à-dire, des eſpéces moitié hommes & moitié ânes. Ils étoient regardés comme des eſprits malfaiſans. Il y auroit plus d'une occaſion où nos modernes pourroient placer ces ſortes de figures avec ſuccès.

Le combat de Theſée & du Minotaure eſt, à mon avis, encore plus avantageux pour un groupe de Sculpture. D'ailleurs c'eſt un de ces ſujets héroïques qu'il eſt toujours flatteur de traiter. C'eſt une action ſimple qui autoriſe de grands mouvemens, & de beaux effets d'efforts & de contentions de muſcles. L'intérieur du labirinthe dans lequel cette action s'eſt paſſée, procure de grands avantages pour renfermer la lumiere.

Venus & l'Amour parierent un jour lequel auroit cueilli le plus de fleurs en une heure. Je doute que l'on puiſſe trouver un plus agréable ſujet, de quelque côté qu'on le veuille regarder. La fable ajoûte que Venus ſe fit aider par Periſtée, une de ſes ſuivantes, & que l'Amour piqué d'avoir perdu, changea cette Nimphe en Colombe. Juſqu'à la vengeance tout eſt doux & agréable. Ce ſecond ſujet qui ſeroit la ſuite de celui dans lequel on auroit vû ces deux Divinités occupées à gagner leur pari, pourroit encore avoir ſon agrément. On verroit le ſourire & le contentement de Venus, en contraſte avec l'air dépité de l'Amour, qui lui montreroit une colombe placée ſur un des arbuſtes du jardin, lieu où la ſcène doit s'être paſſée. Et l'un & l'autre ſeroient environnés des corbeilles qu'ils viennent de remplir.

Pyrenée enferma les Muſes dans ſon Palais, réſolu de ne les en point laiſſer ſortir. Elles s'attacherent des aîles, & s'envolerent. Ce Roi de Thrace les voyant partir du haut d'une tour, voulut les ſuivre; mais il tomba & ſe tua.

Ce ſujet de l'air eſt beau. Cet élement vague, & ſur lequel les teintes produiſent de ſi beaux effets, ſe trouve peuplé & enrichi par des figures développées avec la plus grande élegance. La chûte & la ſottiſe de ce Roi préſentent un beau contraſte, & rendent la compoſition d'une grande clarté.

Les Fêtes *Ambarvales*, à l'occaſion des moiſſons, ont donné quelques idées d'un beau Champêtre. Les fêtes que l'on nommoit *Prologées*, peuvent en donner de moins étendues à la vérité, mais toujours agréables. On les célébroit quand on alloit cueillir les fruits.

Si la Poësie prend des licences, la Peinture peut quelquefois s'y livrer. C'est du moins ce que je ferois en cette occasion. Je ne prendrois pas le moment du départ, pour aller cueillir les fruits; car on ne pourroit comprendre le sujet. Je ferois choix de celui du retour. Alors, non-seulement les figures placées sur le devant de la composition, paroîtroient poser aux pieds de la Déesse, les prémices de leurs fruits; mais on verroit sur différens plans, un nombre infini de figures, & sur tout de femmes chargées de paniers sur leurs têtes, accourir à ce même endroit avec la joie qu'inspirent les récoltes. Ce tableau seroit à la fois champêtre, & noble; & ces deux qualités pourroient faire oublier le peu de pasſions, & de grands reſſorts qui peuvent lui manquer.

Tucia Veſtale accuſée, prouva ſon innocence en puiſant de l'eau dans un crible.

Ce ſujet eſt rapporté dans l'Hiſtoire ; cependant il peut être mis au rang des fables. Quoi qu'il en ſoit, il eſt avantageux pour la Peinture, & cela ſuffit. Voici de quelle façon il ſe peint à mon imagination.

Cette Veſtale avec les habits conſacrés à ſon état, rempliroit toutes les idées de nobleſſe & de confiance, que donnent la vérité & la vertu. Elle regarderoit le Ciel, & ſeroit placée ſur le portique du Temple de Veſta, tournée vers le Peuple, attentive à l'événement. Les marches du Temple formeroient une diſtinction naturelle pour l'action, & placeroient ſur ce même plan, toujours plus élevé, les compagnes de Tucia, qui ſeroient derriere elle, exprimant, ſelon la différence de leurs âges, tous les mouvemens de crainte, de doute & d'eſpérance. Et ſi l'on veut, pour ne laiſſer aucun équivoque ſur le ſujet, la Veſtale tranſvaſeroit l'eau contenue dans le crible, que l'on verroit par ce moyen parfaitement à ſec par-deſſous.

Telephe, fils d'Hercule, ayant été expoſé, fut allaité par une biche.

Je ne ſçais pourquoi les Artiſtes modernes ne font point uſage de cette idée. Elle ſeroit d'autant plus agréable à traiter, que la biche eſt un animal dont les parties ſont aſſez fortes, & deviennent agréables quand il eſt couché, attitude que la compoſition du ſujet exige.

On célébroit à Athénes la fête des Scires ou Scirophores, en l'honneur de

Minerve. On faisoit des cabanes de feuillages, & les jeunes gens, dans tous les jeux qu'ils célébroient à cette occasion, portoient dans leurs mains des seps de vigne, chargés de raisins.

Ce tableau très agréable en lui-même, & dont l'exécution paroît assez simple, est, selon moi, très-difficile à rendre. Il exige nécessairement un Peintre des plus instruits, & capable de reporter son imagination sur la Grece. Les idées nobles que les Auteurs & les Poëtes ont données de cette nation, ne permettroient rien de trivial & de commun, sur tout dans les fêtes dont tous les instans étoient compassés, prévûs par le goût, & exécutés par un Peuple accoutumé à une discipline qui ne permettoit aucun écart.

La Vertu doit être représentée sous la figure d'une femme noble dans sa position, & dont les traits du visage doivent être doux & grands. Sa draperie doit être ſimple, de couleur bleue, elle doit être aſſiſe ſur une pierre quarrée pour prouver la ſolidité de ſon caractere, & indiquer qu'on la peut aborder de tous les côtés. Mais, quand cette Vertu doit repréſenter la force, il faut la deſſiner ſous la forme d'un vieillard grave, tenant une maſſue, & également aſſis ſur une pierre quarrée.

Ces emblêmes de convention ſont d'une égale utilité pour les Peintres & pour les Sculpteurs. On les employe comme objets principaux, ou comme objets acceſſoires. Ils ſont les preuves, ou les augmentations de ce qu'on avance, ou de ce qu'on veut établir.

Hercine jouant avec la fille de Cerès, laiſſa échapper une oye qui faiſoit ſon (1) amuſement, & qui ſert à la ca-

(1) *Beotie.* p. 309.

ractériser quand on la représente seule. Cette oye alla se cacher sous une pierre : Proserpine en levant la pierre, fit sortir le fleuve qui fut nommé Hercine.

La même action est rapportée au sujet de la découverte de l'antre de Trophonius, si célébre dans la Grece par ses Oracles, & par ses Mysteres.

Ces deux jeunes filles que l'on ne sçauroit dessiner trop belles & trop élégantes, courant après cet oiseau, ou levant la pierre d'où sort un fleuve, présentent un tableau charmant, & dont le fond orné d'un Paysage, sera toujours très-agréable. Et je crois que cette composition doit plaire généralement à tout le monde.

Pausanias (1) fait mention d'une figure d'Arsinoe à cheval sur une au-

(1) *Beot.* p. 293.

truche. Cet oiseau ne vole point, il jette des pierres aux chasseurs qui le poursuivent. Cet emblême pourroit servir à quelques idées critiques.

❦❦❦

Phrixus & Hellé fournissent, ce me semble, deux sujets grands & riches. Au moment d'être sacrifiés, un belier sort d'un nuage & les enleve. Un semblable événement assez beau à traiter par lui-même, est encore enrichi par la frayeur du Peuple, le désordre & l'étonnement des Sacrificateurs.

Le second sujet est donné par le récit même de l'Auteur Grec.

Phrixus & Hellé sont montés sur le même belier qui traverse les airs, ainsi qu'on les voit représentés sur quelques pierres gravées antiques. Hellé fut effrayée, & se laissa tomber dans la mer à laquelle elle a donné son nom.

❦❦❦

Io transformée en Vache par la colere de Junon, eſt plus célébre par ſes malheurs que par ſes amours avec Jupiter. Piquée continuellement par un taon que la Déeſſe avoit chargé de la tourmenter, & ne pouvant prendre aucun repos, elle courut preſque tout le monde alors connu. Ses courſes involontaires la conduiſirent un jour auprès du Fleuve Inachus ſon pere. Elle le reconnut ſans peine; mais ne pouvant ſe faire reconnoître malgré tous ſes efforts, elle écrivit avec le pied ſon nom ſur le ſable.

Cette action & cette ſituation me paroiſſent préſenter une des parties des plus difficiles à trouver dans un ſujet convenable aux Arts, je veux dire la néceſſité de l'écriture. Car un ſeul mot composé de deux lettres que l'on ne peut s'empêcher d'écrire, éclaire parfaitement le Spectateur. La ſupriſe mêlée de douleur & de tendreſſe doivent éclater ſur le viſage d'Inachus. Les différentes passions, du moins les larmes que l'on peut chercher, & hazarder dans le caractere de cette belle vache, enfin les agrémens du Site, tout cela me paroît heureux pour les Arts. La Sculpture peut également en profiter, mais seulement en bas relief. Si l'on vouloit traiter ce sujet en ronde-bosse, la vache feroit une masse désagréable de plusieurs côtés, & la figure du pere se trouveroit coupée, & rendroit la composition choquante.

La fuite & la métamorphose des Dieux, occasionnée par la guerre des Tytans, a beaucoup servi à la Fable, en autorisant un grand nombre de situations. Il est fâcheux que les détails adoptés par les anciens, ne soient venus jusques à nous que très-généralement. Je conviens que l'on pourroit en imaginer sans aucun scrupule. Mais ce que les anciens ont conçu, est accompagné d'un caractere de noblesse, & d'originalité dont on ne peut approcher. Je vais rapporter un des sujets de ce genre qui s'est heureusement transmis jusqu'à nous.

Venus & Cupidon poursuivis par le Geant Typhon, trouverent deux poissons sur lesquels ils passerent l'Euphrate.

Venus & l'Amour représentés dans le trouble & l'effroi, sentimens qu'ils inspirent si souvent à leurs victimes, & qu'on est bien aise de leur voir éprouver, Venus & l'Amour, dis-je, paroissent assis sur des poissons, pour faire sentir plus aisément le trouble de leur situation.

On peut ne représenter que le bord le plus éloigné du fleuve; l'étendue de la campagne apprendra suffisamment que ces Divinités ne sont point sur la mér, & les détours naturels que forme l'Euphrate dans sa couse, autorisent cette disposition. La fureur du Géant placé sur la rive dont Venus & l'Amour s'éloignent, présente un contraste assuré, & ne laisse aucun doute sur l'objet de la composition.

On sçait que Perillus, fameux Sculpteur Grec, exécuta, pour satisfaire la cruauté de Phalaris, un Taureau de bronze dans lequel un homme pouvoit être enfermé ; la chaleur donnée à cette figure de bronze, devoit faire expier avec des douleurs affreuses cette victime de la barbarie du Tyran qui se repaissoit d'avance du plaisir de l'imitation du beuglement produit par les cris affreux de celui qu'on immoloit.

L'Inventeur de cette horrible production de l'Art, fut le premier qui en éprouva les tourmens.

Il n'est pas de mon objet de faire des réflexions sur ce fait, mais il peut produire un ſujet d'autant plus beau, qu'il préſentera tout à la fois le crime & la punition d'un Artiſte qui avoit fait un uſage ſi barbare de ſes talens. Le Peintre intéreſſeroit par le déſaveu tacite d'une ſi cruelle invention, & ſa compoſition diroit aux Spectateurs ce que Pline (1) dit à ce ſujet. *Ut quiſquis illa videat oderit manus.*

En effet ce taureau que l'on eſt occupé à échauffer ; ſon flanc ouvert pour recevoir Perillus que l'on ſe diſpoſe à y renfermer ; la préſence du Tyran au milieu de ſes flatteurs ; ce Peuple ſpectateur, l'Architecture de cette place, tout concourt à la compoſition, & à l'effet d'un beau tableau.

Pauſanias cite un fait qui paroît agréable & magnifique à traiter. Il dit que Bacchus engagea Vulcain à revenir dans le Ciel.

(1) *Plin. l.* 34. *ch.* 9.

Ce ſujet conduit naturellement à repréſenter la magnificence de l'Olympe ; cependant je diſſuaderois un Artiſte de cette entrepriſe pour les raiſons ſuivantes. Vulcain eſt toujours fort difficile à repréſenter, & à faire marcher. D'ailleurs ce fait étant une fiction qui nous apprend que Vulcain étoit yvre quand on lui perſuada ſon retour, la ſituation eſt difficile en elle-même à caractériſer. Il eſt encore moins aiſé de la rendre avec nobleſſe & convenance de quelque côté qu'on puiſſe l'enviſager.

ፕፕፕ

L'Amour ayant jetté ſon arc & ſes flèches, tient une lyre.

Ce tableau rapporté par Pauſanias, (1) ſeroit auſſi très-avantageux pour la Sculpture. La penſée en eſt auſſi délicate que pleine de génie.

(1) *Corinth.* p. 214.

Les événemens de la guerre de Troye, ont toujours fait honneur à l'esprit sublime qui les a célébrés ; & la Peinture a trouvé dans les ouvrages d'Homere, des moyens pour plaire aux hommes de tous les siécles. Cependant tous les instans que fournit ce Poëte, ne sont point égaux à traiter.

Ulysse contrefaisant l'insensé, est un incident intéressant dans le Poëme ; mais comme les actions ridicules sont arbitraires, & qu'elles doivent être traitées selon les idées particulieres de chaque nation ; je ne conseillerois jamais l'entreprise de ce sujet, la Peinture devant parler à toutes les nations.

Hercule & le jeune Cyatus qui présente une coupe à ce Héros. Ce groupe est très-avantageux, sur tout pour la Sculpture dont la composition doit toujours être plus simple.

On peut couronner les Muſes de plumes par la raiſon ſuivante.

Les Muſes ayant vaincu au chant les filles d'Achelous, qui les avoient défiées par le conſeil de Junon, leur (1) arracherent les plumes des aîles, & s'en firent des couronnes.

Cette idée ne ſeroit-elle pas une leçon faite pour nous apprendre que dans les talens & dans les Arts, il ne faut appéſantir ni l'eſprit, ni la main?

Les anciens donnoient aux ſaiſons d'autres attributs que ceux que nous avons adoptés. Ils caractériſoient le Printems par Mercure, l'Eté par Apollon, l'Automne par Bacchus, & l'Hyver par Hercule.

Ils diſtinguoient les élémens par la Salamandre, l'Aigle, le Dauphin & le Lion.

(1) *Beot.* p. 300.

Je ne sçais pourquoi on ne feroit point usage aujourd'hui de ces mêmes figures, quand ce ne seroit que pour apporter quelque varieté.

❧❧❧

Les Grecs sçavoient flatter. Les aigles portant des victoires, formoient un tableau dans le tems que les Romains étoient les maîtres de la Gréce, c'est-à-dire, lorsque Pausanias écrivoit : c'est lui qui nous en a conservé le souvenir.

❧❧❧

Le combat d'Hercule contre une Amazone à cheval. Cette composition seroit des plus heureuses en elle-même. Cette femme à cheval, les mouvemens de ce bel animal, l'action du Héros, produiroient les plus beaux contrastes ; mais les Arts sont soumis au goût, & aux préjugés des nations. L'Europe, & sur tout la France, seroit révoltée de voir un homme, & plus encore, un Héros combattre une femme. On doit donc exclure ce ſujet par rapport à nos mœurs.

❦❦❦

Les réflexions ſur le goût des nations, me conduiſent à proſcrire encore pluſieurs manieres de traiter quelques Divinités. Quoique l'on fût autoriſé par les récits de Pauſanias, il eſt à préſumer que de ſon tems, ces mêmes choſes étoient fondées ſur des hiſtoires que l'on n'oſoit contredire. Elles paroîtroient ridicules aujourd'hui. Ces ſujets ſont :

❦❦❦

Neptune à cheval qui porte un coup de pique au Géant Polybote.

❦❦❦

Venus armée.

❦❦❦

Ganimede en Déeſſe.

❦❦❦

Minerve & Junon à cheval.

❦❦❦

Enfin Diane vêtue d'une peau de

cerf, le carquois sur l'épaule, tenant d'une main un flambeau, & de l'autre deux serpens.

Malgré le chien qu'elle avoit à ses côtés, & les attributs ausquels on la pouvoit reconnoître, quel antiquaire auroit soupçonné Diane dans un pareil équipage ?

Je ne finirai point sans témoigner une sorte de délicatesse sur quelques sujets que nous traitons aussi fréquemment que les anciens, mais dans lesquels nous supprimons plusieurs attributs peu importans à la vérité, puisqu'on les reconnoît avec une égale facilité ; mais l'oubli qu'on en fait peut cependant faire tort, en laissant croire qu'on en ignore la source. Voici quelques exemples de cette négligence.

Pausanias nous apprend que les Graces étoient habillées. Il y a des raisons pour les faire nues. C'est donc une augmentation arbitraire dans la façon de les traiter. Le même Auteur dit qu'elles étoient caractérisées. La premiere par une rose, la seconde par un dé, & la troisiéme par un bouquet de mirthe. La rose & le mirthe sont consacrés à Venus. Le dé signifie le badinage, & les jeux qui conviennent à la jeunesse. Celui qui ne feroit reconnoître ces figures allégoriques, que par ces attributs, seroit un Artiste médiocre. Mais pourquoi négliger ces sortes de symboles qui ne peuvent jamais nuire, & qu'il est si facile de placer dans les mains, ou bien aux pieds des figures ; en un mot, à la volonté, & au goût de l'Artiste.

❦❦❦

Par la même raison on ne doit pas négliger de donner une sorte d'embonpoint à l'Abondance.

❦❦❦

Pluton doit être représenté avec une couronne d'ébenne ; & si les clefs que les Poëtes ont coutume de lui donner, étoient plus nobles, je les proposerois.

❧❧❧

Pourquoi repréſenter toujours le char de Venus, traîné par des colombes, tandis que nous voyons dans l'Ode premiere de Sapho, qu'il étoit tiré par des moineaux. Cette autorité peut fournir au moins une petite variété.

❧❧❧

La Renommée doit avoir des aîles remplies d'yeux. Cette richeſſe eſt un avantage par la diſtinction qu'elle préſente au premier coup d'œil, & dont je ſuis toujours étonné que nos Artiſtes conſentent à ſe priver.

❧❧❧

La Déeſſe de la ſanté, ou Hygia, eſt une figure ſouvent employée. On ſe contente de lui donner pour attribut le ſerpent ; cependant elle devroit être couronnée de plantes médicinales. Comme elles ſont au choix de l'Artiſte, je ne vois que des avantages à pratiquer cette exactitude.

❧❧❧

Je reprocherois encore à tous ceux

qui ont représenté Mars surpris avec Venus par Vulcain, de n'avoir pas introduit le coq dans leur composition. Ce Dieu métamorphosa sous cette figure, le jeune soldat son favori, pour l'avoir laissé surprendre. Il y a même plusieurs raisons pour donner cet attribut à Mars, quoique représenté dans d'autres circonstances.

On pourra regarder ces dernieres remarques, non-seulement comme inutiles, mais les taxer de pédanterie. Cependant, plus on a de signes pour faire entendre un langage muet, plus l'on acquiert de richesse & d'agrément. Ces attributs d'ailleurs sont donnés par les anciens qui seront toujours nos maîtres.

FIN.

APPROBATION.

J'AI lû par ordre de Monseigneur le Chancelier, un Manuscrit intitulé : *Sujets de Peinture & de Sculpture, &c.* Et il m'a paru que cet Ouvrage inspiré par l'amour des Arts, pourroit intéresser les Artistes, & leur présenter de nouveaux moyens d'exercer leurs talens. A Paris, ce 17. Novembre 1754.

BARTHELEMY.

93

www.ingramcontent.com/pod-product-compliance
Lightning Source LLC
LaVergne TN
LVHW010033230826
846091LV00005B/1675

* 9 7 8 2 0 1 1 9 1 0 3 3 2 *